Repostería sin huevos n...

desde una tarta a una pizza de verduras

> **Autoras:** Ilka Saager y Sonja Carlsson | **Fotografías:** Michael Brauner

EVEREST

Contenidos

Teoría

- 4 Disfrutar de los dulces a pesar de las alergias y la neurodermitis. La leche.
- 5 ¡Cuidado con la albúmina láctea!
- 6 Alergias e intolerancias: alergia a los huevos
- 7 Alérgenos ocultos
- 8 Las mejores alternativas a la leche de vaca y los huevos
- 10 Harinas recomendadas
- 11 Otros ingredientes especiales

Recetas

- 12 Tentempiés para cualquier hora: dulces a base de sésamo y coco
- 22 Bizcochos, pasteles y pastas, para niños y también para adultos
- 32 Recetas sabrosas y jugosas: bolas, pastelitos y tortitas
- 46 Bocaditos dulces y salados: un auténtico placer para el paladar
- 55 Recetas para ocasiones especiales

Extra

➤ 63 Índice de términos y recetas
➤ **64 10 consejos para triunfar**

Disfrutar con la repostería

Existen muchas personas que, si quieren saborear bizcochos o pasteles, deben resignarse a tomarlos prescindiendo de la leche y de los huevos, ya que se ha demostrado que un gran número de alergias y neurodermitis se deben a la utilización de la leche de vaca y de los huevos de gallina. Pero, hoy en día pueden cocinarse un sinfín de platos sabrosos y variados sin utilizarlos. Con este libro, comprobará que la repostería es un verdadero placer, ya que en él encontrará una serie de magníficas recetas elaboradas sin leche ni huevos, acompañadas de numerosos consejos y sugerencias.

¡Aprovéchese!

Teoría
REPOSTERÍA SIN HUEVOS NI LECHE

Disfrutar de los dulces a pesar de la alergia y la neurodermitis

La mayor parte de las alergias relacionadas con la alimentación se manifiestan con la utilización de determinados ingredientes, como la leche de vaca y los huevos de gallina, es decir, alimentos de consumo diario. Sin embargo, actualmente podemos evitarlos y utilizar numerosas alternativas.

Sin leche ni huevos

¿Repostería sin huevos? Parece casi imposible. Sin embargo, en este libro encontrará numerosas recetas realizadas en el horno que resultan exquisitas a pesar de no utilizar ni leche de vaca ni huevos de gallina como, por ejemplo, sabrosos bizcochos y tartas. Y tampoco le resultará demasiado complicado adquirir los ingredientes ni preparar estos suculentos platos. Al principio extrañará, quizá, la utilización de diferentes tipos de harina, espesantes, así como tener que prescindir de algunas frutas frescas. Pero es sólo cuestión de práctica. Además, le resultará mucho más fácil con los numerosos consejos y sugerencias que encontrará.

Lo importante son los ingredientes

La mayor parte de los ingredientes necesarios los encontrará en un supermercado bien surtido. Pero, para determinados productos, es mejor que visite un establecimiento dietético especializado, ya que pueden, además, aconsejarle, explicarle e informarle de nuevas recetas o variantes y sugerirle la adquisición de algunos productos naturales. Existen también numerosos libros especializados para personas alérgicas y celíacas.

Los causantes de las alergias

No es tan sencillo encontrar con rápidez las causas reales de las alergias en lo que a la alimentación se refiere. Debe consultar a un especialista para llegar a conocer cuáles son aquellos alimentos que le producen reacciones alérgicas o afecciones cutáneas. En el caso de las neurodermitis, cuya causa todavía hoy es desconocida, influyen asimismo otros factores, como son los psicológicos, el clima, el estrés y las alteraciones del sistema inmunológico.

La leche

Debido a las numerosas reacciones alérgicas que se producen por la intolerancia a la lactosa o a la albúmina, hoy en día se efectúan unas pruebas especiales en las que se analizan por separado determinados cuerpos albuminoideos de la leche. Si se determina que se es alérgico a la caseína, esto significa que tampoco se tolerará ni la leche de oveja ni la de cabra. En los demás casos, sí que podremos utilizar estas dos alternativas y sus derivados.

Teoría
ALERGIA A LA LECHE DE VACA Y A LOS HUEVOS

¡Cuidado con la albúmina láctea!

Los siguientes productos contienen albúmina láctea:

➤ Leche y productos lácteos (suero de manteca, yogur, leche entera, kéfir, *crème fraîche*, crema agria, crema fresca, etc.), nata, crema doble, mantequilla, leche condensada.

➤ Suero de leche, bebidas elaboradas a base de suero, queso fresco elaborado a base de suero (p. ej. Ricotta).

➤ Queso, queso fresco.

➤ Chocolate, bombones, crema de nueces.

➤ Helados (a base de leche), pudín, postres a base de leche.

➤ Pastas, galletas, tartas de nata, rellenos para tartas, crema de mantequilla.

➤ Margarina (¡compruebe la composición!).

➤ Embutidos.

➤ Productos elaborados (sopas, salsas).

➤ Cosméticos (cremas, lociones, complementos).

Leche, nata y queso 1

Estos alimentos contienen leche, por lo que las personas alérgicas a ella deben evitar estos productos y consumir leche de cabra o de oveja (y sus derivados).

Chocolate, crema de nueces y dulces 2

¡Estos productos contienen albúmina! En caso de alergia a la leche, evite estos alimentos por completo. Prepare usted mismo los dulces o cremas que desee.

Helados y postres a base de leche y pudines 3

¡Evítelos! Prepárelos usted mismo a base de ingredientes alternativos. Los helados de frutas, los sorbetes o las gelatinas a base de frutas son postres exquisitos y finos.

Productos elaborados 4

Procure leer la composición de los productos elaborados (ya que es muy común que contengan albúmina o leche). Los embutidos libres de albúmina son el jamón cocido y el jamón serrano. Otros, podrá adquirirlos en tiendas de dietética especializadas.

Teoría
ALERGIA A LA LECHE DE VACA Y A LOS HUEVOS

Alergias e intolerancias

Alergia a los huevos

El componente fundamental del huevo que produce alergia es la ovoalbúmina (proteína de la clara de huevo), que es muy sensible al calor. Si sólo es alérgico a este componente, significa que podrá comer determinadas pastas y tartas que contengan huevo, pero no podrá digerir los huevos crudos, ni platos elaborados a base de huevos crudos (sin cocinar). Otro de los componentes principales (y con tendencia a producir alergias) es la ovomucina. Y en la yema existen otra serie de sustancias que también contienen propiedades alergénicas. Quien no tolere comer los huevos cocidos o fritos, o pastas y tartas a base de huevos, debe pensar que lo que le produce la alergia son estos componentes de la yema y la clara.

Las pseudoalergias

Las alergias afectan al sistema inmunológico, se produce una reacción antígenos-anticuerpos. No es el caso en las denominadas "pseudoalergias": al descender las histaminas notablemente, se producen los mismos síntomas que en una alergia.

Alergia o intolerancia

Cuando hablamos de intolerancia, se trata de un desequilibrio metabólico específico y suele ocurrir con determinadas sustancias o productos, como la intolerancia a la lactosa o al gluten. En el caso de la intolerancia a la lactosa, que no debe confundirse con una alergia a la leche, se tolera, en pequeñas cantidades, el queso así como productos a base de leche agria. Sin embargo, la leche pura o la nata suelen producir trastornos de tipo digestivo. Cuando hablamos de alergia a la leche, tenemos el problema de que debemos vigilar las consiguientes carencias de calcio en nuestro organismo, mientras que esto no ocurre cuando se trata de una simple intolerancia, ya que podemos suplir la falta de calcio con determinados productos lácteos que sí podemos tolerar, tomando pequeñas cantidades de queso o productos a base de leche agria.

Otros riesgos

Podemos encontrarnos con otros factores de riesgo cuando padecemos alergia a la leche de vaca y a los huevos, o sufrimos algunos de los síntomas de la neurodermitis, producidos por los frutos secos y los productos a base de soja, ya que mucha gente no los tolera. Incluso las nueces y los productos a base de trigo también producen una serie de alergias.

Vigile los productos de la misma familia

Preste especial atención a los productos que pertenecen a la misma familia: el mango, los pistachos y los anacardos pertenecen a la familia de los anacardos; el apio, la zanahoria, la manzanilla y las pipas de girasol a la familia de las umbelíferas. Las especias, hierbas, verduras y frutas que tienen algún parentesco entre ellas pueden producir algún tipo de reacción, así como el polen.

Alérgenos ocultos

Lamentablemente, no es suficiente con prescindir de la leche y de los huevos, ya que estos productos están precisamente contenidos en gran número de alimentos, incluso en algunos que ni siquiera nos lo habíamos planteado. El embutido, por ejemplo, contiene frecuentemente albúmina, la pasta contiene huevos, y muchos productos elaborados también están hechos a base de productos lácteos y huevos.

El secreto de los ingredientes

Para conocer los ingredientes de cualquier producto, deberá leer el envase en el que viene detallada su composición. Sin embargo, en muchos casos tampoco esto es garantía suficiente. Existe la conocida norma vigente en la Unión Europea (la norma del 25%), que se basa en que los componentes de los ingredientes sólo deberán ser indicados en la composición si son superiores al 25% de la proporción. Es decir, si compramos un relleno para una tarta y contiene albúmina, como puede ser el chocolate, solamente se verá reflejado en la composición si supera el 25% de la composición total de la tarta. Otro ejemplo a tener en cuenta es cuando vamos a preparar una sopa de sobre: si la pasta que contiene no supera el 25% de los ingredientes, no es obligatorio indicar que uno de los ingredientes contiene huevo. Por lo tanto, cuando hablamos de cantidades mínimas, éstas no aparecen indicadas en la composición. Y esto supone un verdadero problema para las personas que padecen este tipo de alergias. Por eso, aconsejamos que procure prescindir, en la medida de lo posible, de los productos elaborados. Es preferible que los prepare usted mismo.

¿Qué alimentos puedo digerir bien?

Las personas que no toleran ni los huevos ni la leche de vaca, y las que sufren neurodermitis, deben utilizar productos naturales, ya que éstos siempre tienen un riesgo menor de producir alergias. Poco a poco, puede ir añadiendo otros ingredientes. En primer lugar, intente probar la leche de cabra y la de oveja, o la leche de arroz y la de avena. Prescinda por completo de los huevos. Para ligar las masas, recomendamos el aglutinante vegetal y la harina de arroz. Para que las masas queden bien sueltas, puede utilizar levadura en polvo. Las harinas a base de trigo pueden ocasionar, a veces, algún tipo de alergia. Pruebe la harina de cebada o la harina de escanda, e incluso la harina de kamut (se digieren mucho mejor que las de trigo). La harina de escanda fina se emplea para elaborar pan, panecillos, pizzas y pastas finas. La harina de kamut puede utilizarla para elaborar pasta; su color más amarillento le proporciona un toque especial a los productos de repostería. Puede adquirirla en establecimientos dietéticos.

Las mejores alternativas para

Leche de cabra y de oveja: son un buen sustituto de la leche de vaca. Contienen y proporcionan valiosos ácidos grasos y calcio. Sirven para cocinar en general; también para elaborar recetas en el horno y para preparar yogur y helados.
El sabor típico de la leche de cabra se pierde al cocinar. Puede encontrarla en tiendas de productos biológicos y dietéticos, e incluso en algún que otro hipermercado. La leche de oveja puede encontrarla en tiendas de productos biológicos y dietéticos.

Leche de arroz: se obtiene mediante un sistema de remojo de los granos de arroz y de la extracción de la fécula que contiene. Tiene un color entre blanco y lechoso, como la cáscara de huevo. Se enriquece con aceite vegetal y extracto de vainilla. Pero también puede encontrarla pura. Se comercializa en envases de 500 ml (17 fl oz) y podemos encontrarla en tiendas dietéticas. Si abre un envase, manténgalo en un sitio fresco y consúmala rápido. Es una alternativa ideal y sirve también para elaborar numerosas recetas de pudines.

Leche de avena: se obtiene de forma similar a la leche de arroz, es decir, mediante un sistema de remojo de los granos de la avena y de la extracción de la fécula que contiene. Se comercializa en envases de 500 ml (17 fl oz) y de 1 l (35 fl oz). La leche de avena se utiliza, al igual que la leche de arroz, como sustituto de la leche de vaca para preparar masas. Si comienza un envase, manténgalo en un sitio fresco y procure consumirla lo antes posible.

Bebida de soja (o "leche de soja"): es una alternativa a la leche de vaca, ya que contiene los aminoácidos esenciales y, además, tiene numerosas utilizaciones. Sin embargo, existe un número reducido de alérgicos a la leche de vaca y a los huevos, o de personas que padecen neurodermitis que tampoco toleran la leche de soja. Puede adquirirla en establecimientos dietéticos y en supermercados (ahora también se comercializa con un alto contenido en calcio).

Teoría
PRODUCTOS

la leche de vaca y los huevos

Grasas y aceites: pueden tolerarse en algunos casos, y en otros no. La mantequilla de crema agria es mucho más digestiva que la de nata dulce. Si sustituye la mantequilla por manteca o margarina, necesitará siempre un 15% menos de esta última: p. ej., en lugar de 100 g (4 oz) de mantequilla deberá utilizar 85 g (2¾ oz) de margarina), pero utilizando un 15% más de líquido (p. ej., en lugar de 50 ml -2 fl oz-, deberá emplear 60 ml -2¼ fl oz-). Las margarinas vegetales son altamente recomendables. También puede utilizar otras grasas y aceites vegetales.

Productos a base de leche agria: aunque sean de vaca, como pueden ser la leche entera, el kéfir, el yogur, la nata agria y la *crème fraîche*, suelen tolerarse en pequeñas cantidades. Ahora bien, si es realmente extremadamente alérgico a la leche de vaca, tendrá que prescindir de estos productos. Pruebe las diferentes alternativas, como son la leche de cabra y de oveja.

El queso fresco y otros quesos: contienen albúmina. Como alternativa al queso de vaca, existen una gran variedad de quesos con leche de cabra y de oveja. Existen tanto quesos frescos como curados. Quien tolera los productos de soja, puede utilizar también el queso de soja (tofu). Preste atención a los ingredientes cuando los quesos contienen hierbas aromáticas o especias, ya que puede darse el caso de que tampoco tolere alguna de ellas. Es preferible elegir quesos frescos o curados de leche de cabra o de oveja, pero sin ningún ingrediente más.

Agua de coco: es el líquido blanquecino que se encuentra en el interior de los cocos. También se denomina leche de coco. Es una alternativa ideal para elaborar masas dulces. El potencial alergénico de los cocos es escaso.
A la familia de los cocos también pertenecen los dátiles.

Harinas recomendadas

Harina de avena: la avena es muy digerible, tanto en grano, en copos o en harina. Se utiliza frecuentemente para cocinar. La pastaflora, sin embargo, no puede elaborarse a base de harina de avena, ya que se vuelve rancia al amasarla. Intente mezclarla con otras clases de harina. La avena es el cereal más nutritivo y contiene valiosos ácidos grasos. La harina debe utilizarse inmediatamente, ya que se vuelve rancia. Puede adquirirla en establecimientos dietéticos.

Harina de alforfón: pertenece a la familia de las poligonáceas y tiene parentesco con la acedera y el ruibarbo. Se comercializa en grano, en sémola y en harina, y sirve para preparar *risottos*, *soufflés*, creps, así como todo tipo de masas. Puede adquirirla en numerosos supermercados, así como en establecimientos dietéticos.

Harina de arroz: el arroz es un producto al que apenas nadie es alérgico. Por eso, la harina de arroz es uno de los alimentos fundamentales en las dietas indicadas para alérgicos. Con harina de arroz instantánea y agua caliente puede preparar, en un momento, un delicioso arroz con leche. También es un sustituto ideal de la leche de vaca a la hora de preparar todo tipo de masas y, además, sirve como espesante. Puede sustituir al aglutinante vegetal.

Harina de garbanzos: es rica en albúminas y en hidratos de carbono. Se utiliza para mezclar con otras harinas y, debido a su alto contenido en albúminas, es un sustituto ideal de otros tipos de harina, proporcionándole un sabor especial a las tartas.

Otros ingredientes especiales

Frutas hipoácidas (bajas en ácidos): son más digeribles que las frutas ácidas. Las recomendadas son los plátanos, las peras, los albaricoques y los melocotones. Tenga cuidado, algunas frutas exóticas contienen enzimas que provocan ligeras alergias. Las frutas prohibidas son los cítricos y las fresas.
En la mayoría de los casos, sin embargo, los efectos alérgenos desaparecen a la hora de calentar las frutas. Los frutos secos rara vez producen algún tipo de alergia.

Azúcar de caña: es muy recomendable para personas propensas a las alergias. Existe ya en prácticamente todos los supermercados y también puede adquirirse en establecimientos dietéticos. Limite la miel y los zumos de frutas al máximo, ya que pueden provocar muchas veces algún tipo de alergia. Las personas que sufren neurodermitis no deberían abusar de comidas dulces y utilizar la miel y el azúcar con cierta limitación.

El **aglutinante vegetal** es un espesante elaborado a base mucílago de algarrobo. Puede sustituirlo por harina de arroz, teniendo siempre en cuenta que 1 ct de aglutinante equivale a 10 g (1/2 oz) de harina de arroz.
También puede utilizar levadura en polvo o cremor tártaro (bitartrato de potasio). Asimismo, puede emplear levadura prensada, aunque debe prestar especial atención, ya que si es alérgico al moho, la levadura prensada no es recomendable, pues a veces no se destruyen por completo los componentes alérgicos que contiene.

Los **granos de cacao** rara vez producen algún tipo de alergia, pero contienen gran cantidad de níquel, por lo que no están indicados para personas que padecen alergia a componentes ricos en níquel, como son el chocolate en general y todos los productos que puedan contener cacao. La algarroba es un sustituto ideal y no produce alergia alguna. Se extrae del algarrobo y se comercializa en polvo, pudiendo adquirirse en establecimientos dietéticos.

Tentempiés para cualquier hora

Cuando picamos entre horas, muchas veces nos apetece algo dulce. Las galletas y las pastas son muy apropiadas para tomar con el café o con el té. También son ideales para comer por el camino, o para la merienda cuando tenemos invitados. Se conservan perfectamente en cajas de aluminio, manteniéndose frescas y crujientes durante mucho tiempo.

- 13 Crocantes de anacardos y piñones
- 13 Pirámides de coco
- 14 Pastas de sésamo
- 14 Triángulos de anacardo
- 16 Fritos de dátil
- 16 Churros de maíz
- 18 Pastas de escanda
- 18 Barritas de coco
- 21 Cuadraditos de muesli

Recetas
TENTEMPIÉS PARA CUALQUIER HORA

Recetas rápidas

Crocantes de anacardos y piñones

PARA 90 UNIDADES

▶ 300 g (11 oz) de azúcar de caña | 200 g (7 oz) de anacardos | 50 g (2 oz) de piñones | margarina vegetal para la placa del horno y un rodillo para amasar

1 | Engrasar un molde. Calentar el azúcar en un cazo, a temperatura mínima y sin dejar de remover, hasta que se caramelice. Picar los anacardos y los piñones menudo, y mezclarlos con el caramelo.

2 | Disponer la mezcla sobre una placa y extenderla con un rodillo untado con margarina hasta que tenga 1 cm (0,39 pulgadas) de espesor. Cortar en trocitos de 3 cm (1,18 pulgadas) y dejar que se endurezcan.

Pirámides de coco

PARA 50 UNIDADES

▶ 50 obleas redondas (de 4 cm -1,57 pulgadas- de diámetro) | 125 g ($4^{1/2}$ oz) de ralladura de coco | 80 g ($2^{3/4}$ oz) de harina de kamut | 5 cs de miel de acacia

1 | Extender las obleas sobre una placa de horno dejando una distancia de unos 2 cm (0,78 pulgadas) entre ellas. Tostar la ralladura de coco a temperatura mínima en una sartén antiadherente. Añadir la harina de kamut y la miel, y mezclar todo bien.

2 | Precalentar el horno a 200 ºC (400 ºF). Formar con las manos 50 pequeñas pirámides y colocarlas sobre las obleas. Hornear a 180 ºC (360 ºF) durante 5 minutos.

Recetas
TENTEMPIÉS PARA CUALQUIER HORA

fácil de preparar
Pastas de sésamo

PARA 75 UNIDADES

- 75 obleas redondas de 4-5 cm (1,57-2 pulgadas) de diámetro

  50 g (2 oz) de dátiles secos

  150 g (5 oz) de margarina vegetal

  275 g (9$^{1/2}$ oz) de azúcar de caña | 4 ml (0,16 fl oz) de aglutinante vegetal

  100 g (4 oz) de copos de avena finos

  250 g (9 oz) de sésamo sin pelar | 3 cs de leche de cabra

  175 g (6$^{1/2}$ oz) de harina de alforfón | 20 g (1/2 oz) de harina de arroz

- ⏲ Preparación: 40 min
- ⏲ Horneado: 15 min
- Aprox. 63 kcal por ración

1 | Extender las obleas sobre 1-2 placas de horno con una distancia de 2 cm (0,78 pulgadas) entre ellas. Deshuesar los dátiles y picarlos fino. Mezclar la harina con el azúcar y removerlo bien. Añadir los dátiles, el aglutinante vegetal, 50 ml (2 fl oz) de agua mineral sin gas, los copos de avena, 220 g (8$^{1/4}$ oz) de sésamo, la leche de cabra, la harina de alforfón y la harina de arroz, y remover todo hasta obtener una masa homogénea. Precalentar el horno a 190 ºC (380 ºF).

2 | Tomar montoncitos de la masa con una cucharilla y disponerlos sobre las obleas. Espolvorear las pastas con el sésamo restante y hornearlas a 175 ºC (350 ºF) 15 minutos. Retirarlas del horno y enfriarlas sobre una rejilla.

- Variante: utilice también leche de oveja. Puede disponer los montoncitos de masa directamente sobre una placa cubierta con papel de repostería.

requiere algo de tiempo
Triángulos de anacardo

PARA 45 UNIDADES

- 250 g (9 oz) de harina de garbanzos

  100 g (4 oz) de margarina vegetal | 80 g (2$^{3/4}$ oz) de azúcar de caña

  200 g (7 oz) de anacardos picados

  2 cs de miel de acacia

  harina de garbanzos para la superficie de trabajo

- ⏲ Preparación: 55 min
- ⏲ Reposo: 30 min
- ⏲ Horneado: 10 min
- Aprox. 59 kcal por ración

1 | Cubrir una placa de horno con papel de repostería. Formar una masa con la harina de garbanzos, la margarina, el azúcar y 6 cs de agua hasta obtener una masa lisa. Hacer un rectángulo con ella, envolverla en papel de aluminio y dejarla reposar 30 minutos en el frigorífico.

2 | Precalentar el horno a 180 ºC (360 ºF). Extender la masa sobre una superficie ligeramente espolvoreada con harina de garbanzos hasta dejar una capa fina. Tostar los anacardos en una sartén, mezclarlos con la miel y untar la masa con ello.

3 | Cortar el rectángulo en triángulos, disponerlos sobre la placa de horno y hornearlos a 160 ºC (320 ºF) 10 min.

- Variante: además puede cubrir los triángulos con un baño de azúcar glas.

En la parte inferior: **Triángulos de anacardo** *En la parte superior:* **Pastas de sésamo**

Recetas
TENTEMPIÉS PARA CUALQUIER HORA

rápida
Fritos de dátil

PARA 70 UNIDADES

- 200 g (7 oz) de dátiles secos
  125 g (4½ oz) de margarina vegetal
  125 g (4½ oz) de azúcar de caña
  5 ml (0,2 fl oz) de aglutinante vegetal
  300 g (11 oz) de harina de avena

- Preparación: 30 min
- Horneado: 25 min
- Aprox. 46 kcal por ración

1 | Cubrir una placa de horno con papel de repostería. Deshuesar los dátiles y trocearlos fino. Reservar 1/3 para decorar y triturar el resto hasta obtener un puré.

2 | Mezclar el puré de dátiles con la margarina, el azúcar, el aglutinante vegetal y 100 ml (4 fl oz) de agua, removiendo todo. Añadir la harina de avena, poco a poco y removiendo. Cuando la masa haya quedado uniforme, añadir 1-2 cs de agua. Precalentar el horno a 180 ºC (360 ºF).

3 | Introducir la masa en una manga pastelera con boquilla grande en forma de estrella y dibujar circunferencias o espirales sobre la placa de horno cubierta con papel de repostería. Decorar con el resto de los dátiles troceados y hornear a 180 ºC (360 ºF) 10-15 min. A continuación, dejar enfriar.

- Variantes: en lugar de dátiles, puede utilizar higos o albaricoques secos (orejones).
  En vez de aglutinante vegetal, puede prepararlo con 50 g (2 oz) de harina de arroz y, si fuera necesario, añadir 50 ml (2 fl oz) de agua.

sencilla
Churros de maíz

PARA 40 UNIDADES

- 250 g (9 oz) de harina de maíz
  100 g (4 oz) de margarina vegetal
  80 g (2¾ oz) de azúcar de caña

- Preparación: 35 min
- Horneado: 15 min
- Aprox. 47 kcal por ración

1 | Cubrir una placa de horno con papel de repostería y precalentar el horno a 180 ºC (360 ºF).

2 | Mezclar la harina con la margarina y el azúcar, y remover todo bien. Añadir 85 ml (2¾ fl oz) de agua poco a poco, sin dejar de remover, hasta obtener una masa homogénea.

3 | Introducir la masa en una manga pastelera con boquilla grande en forma de estrella, y dibujar circunferencias o espirales sobre la placa de horno cubierta con papel de repostería. Cocinar en el horno en la parte central a 165 ºC (330 ºF) durante 10-15 min. A continuación, dejar enfriar.

En la parte inferior: **Churros de maíz** *En la parte superior:* **Fritos de dátil**

Recetas
TENTEMPIÉS PARA CUALQUIER HORA

rápida
Pastas de escanda

PARA 40 UNIDADES

- 165 g (5 1/2 oz) de harina vegetal
- 140 g (4 3/4 oz) de azúcar glas
- 75 g (2 1/2 oz) de fécula
- 65 ml (2,6 fl oz) de leche de cabra | una pizca de sal
- 285 g (9 1/2 oz) de harina de escanda

- Preparación: 50 min
- Reposo: 1 h
- Horneado: 10 min
- Aprox. 74 kcal por unidad

1 | Mezclar la margarina con el azúcar glas y la fécula, y remover todo bien. Añadir la leche de cabra, sal y la harina de escanda, y formar una masa homogénea. Dejar reposar la masa durante 1 hora en un lugar fresco.

2 | Precalentar el horno a 180 ºC (360 ºF) y cubrir una placa de horno con papel de repostería. Introducir la masa en una manga pastelera con boquilla grande y dibujar rosetas, circunferencias o espirales, sobre la placa de horno cubierta con papel de repostería. Hornear a 165 ºC (330 ºF) durante 10 minutos hasta que estén doraditas.

- Variante: utilizar sólo 240 g (8 3/4 oz) de harina de escanda y añadir 50 g (2 oz) de nueces de Macadamia ralladas fino sobre la masa.

sencilla
Barritas de coco

PARA 25 UNIDADES

- 50 g (2 oz) de dátiles secos
- 150 g (5 oz) de margarina vegetal
- 150 g (5 oz) de azúcar de caña | 1 cs de miel de acacia
- 100 g (4 oz) de ralladura de coco | 200 g (7 oz) de copos de avena
- margarina vegetal para la placa

- Preparación: 20 min
- Horneado: 20 min
- Aprox. 131 kcal por unidad

1 | Dividir la mitad de una placa de horno con una tira de papel de aluminio o con una rejilla. Engrasar la otra mitad de la placa. Deshuesar los dátiles, trocearlos menudo y reservarlos aparte.

2 | Precalentar el horno a 175 ºC (350 ºF). Disponer en un cazo la margarina, el azúcar y la miel, y calentar hasta que el azúcar se haya caramelizado. Añadir la ralladura de coco, los copos de avena y los dátiles, y remover todo bien.

3 | Disponer la masa sobre la mitad de la placa engrasada y aplastarla un poco con una tabla de madera (untada con aceite) hasta obtener una masa de 1 cm (0,39 pulgadas) de espesor. Cocinar a 150 ºC (300 ºF) durante 20 minutos.

4 | Dejar enfriar. Cortar en barritas de unos 8 cm (3,18 pulgadas) de largo y 2,5 cm (0,97 pulgadas) de ancho y dejar que se enfríen sobre una rejilla de repostería.

> **TRUCO**
> Puede cubrir las barritas con un baño, mezclando azúcar glas, algarroba en polvo y agua caliente o, si lo prefiere, bañar sólo los extremos.

- Variante: en lugar de los dátiles, puede utilizar pasas, higos, albaricoques secos (orejones) o ciruelas.

En la parte inferior: **Pastas de escanda**   *En la parte superior:* **Barritas de coco**

Recetas
TENTEMPIÉS PARA CUALQUIER HORA

para llevar
Cuadraditos de muesli

PARA 35 UNIDADES
- 100 g (4 oz) de piñones
- 100 g (4 oz) de pipas peladas
- 50 g (2 oz) de copos de avena
- 100 g (4 oz) de copos de coco
- 4 cs de miel de acacia
- 4 cs de aceite de girasol
- 50 g (2 oz) de harina de escanda

- Preparación: 30 min
- Horneado: 10 min
- Aprox. 79 kcal por unidad

1 | Cubrir una placa de horno con papel de repostería. Picar los piñones y las pipas con la picadora, procurando que no queden demasiado finos.

Mezclar con los copos de avena, los copos de coco y la miel. Calentar el aceite a temperatura mínima en una sartén. Tostar ligeramente la mezcla obtenida sin dejar de remover. Precalentar el horno a 180 ºC (360 ºF).

2 | Retirarla del fuego y disponerla en una fuente. Añadir la harina y 2 cs de agua, removiendo. Disponer la mezcla sobre la placa de horno cubierta con papel, dejando el grosor de un pulgar. Apretar bien con una cuchara. Puede utilizar papel de aluminio enrollado para forrar toda la orilla de la placa. Hornear a 160 ºC (320 ºF) 10 min.

> **TRUCO**
> Si va a preparar menos cantidad, es preferible disponer de una placa de horno extensible, así podrá adecuarla a la cantidad de pasta que vaya a utilizar. Estas placas son antiadherentes y facilísimas de limpiar. Disponer estas placas extensibles sobre la rejilla del horno.

3 | Retirar la masa del horno y cortarla en cuadraditos de 3 cm (1,18 pulgadas). Dejarla enfriar.

- Variante: en lugar de harina de escanda, puede utilizar también harina de avena.

1 Tostar la mezcla
Tostar la mezcla en una sartén antiadherente.

2 Cubrir la placa de horno
Repartir la mezcla uniformemente sobre la placa.

3 Cortar en cuadraditos
Cortar la masa horneada en cuadraditos de 3 cm (1,18 pulgadas).

Bizcochos, pasteles y pastas

Los bizcochos, pasteles y pastas son muy fáciles de hacer sin necesidad de utilizar leche ni huevos. Podemos adquirir diferentes moldes con divertidas figuras en cualquier establecimiento especializado. Recomendamos que disponga también de unos cuantos moldes pequeños, para así poder probar varias recetas a la vez.

23	*Muffins* de avena	26	Gofres de cereales
24	Pastel de cumpleaños	29	Animalitos glaseados
26	Bizcocho de mantequilla	30	Bocaditos de higos

Recetas
BIZCOCHOS, PASTELES Y PASTAS

Recetas rápidas

Muffins de avena

PARA 1 MOLDE DE *MUFFINS* (12 UNIDADES)

- 100 g (4 oz) de margarina vegetal
- 120 g (4$^{1/2}$ oz) de azúcar de caña
- 1 paquete de azúcar de vainilla
- 9 ml (0,36 fl oz) de aglutinante vegetal
- 200 g (7 oz) de harina de avena
- 1/2 paquete de levadura en polvo
- 100 g (4 oz) de arándanos
- margarina vegetal para el molde

1 | Mezclar la margarina, el azúcar y el azúcar de vainilla, y remover bien. Añadir el aglutinante, la harina, la levadura y 5-7 cs de agua, y remover nuevamente.

2 | Precalentar el horno a 180 ºC (360 ºF). Engrasar los moldes con un poco de margarina. Lavar los arándanos, escurrirlos y mezclarlos con la masa. Rellenar con la masa 2/3 partes de los moldes de papel y hornear a 160 ºC (320 ºF) durante 20-25 minutos.

3 | Retirar los *muffins* del horno y dejarlos enfriar.

Recetas
BIZCOCHOS, PASTELES Y PASTAS

sencilla
Pastel de cumpleaños

PARA UN MOLDE CONCÉNTRICO DE 16 CM Ø (6,39 PULGADAS) · 12 UNIDADES ·

- 130 g (4¾ oz) de margarina vegetal
- 30 g (3/4 oz) de piñones molidos fino
- 120 g (4½ oz) de azúcar de caña | 1/2 paquete de azúcar de vainilla
- 6 ml (0,24 fl oz) de aglutinante vegetal
- 500 g (1 lb) de harina de kamut | 3 ct de cremor tártaro
- 125 g (4½ oz) de azúcar glas
- margarina vegetal para el molde

⏱ Preparación: 15 min
⏱ Horneado: 40 min
- Aprox. 334 kcal por unidad

1 | Engrasar el molde con una capa fina de margarina. Precalentar el horno a 200 °C (400 °F).

2 | Mezclar en una fuente los piñones con la margarina, el azúcar de caña, el azúcar de vainilla, el aglutinante vegetal y 75 ml (3 fl oz) de agua mineral. Remover y añadir el cremor tártaro y la harina de kamut, y remover hasta que todos los ingredientes estén bien mezclados.

3 | Rellenar el molde con la masa obtenida y hornear a 175 °C (350 °F) 40 min. Al cabo de 25 min., cubrir con papel de repostería o de aluminio, y dejar que acabe de hacerse los 15 minutos restantes.

4 | Para el baño, mezclar el azúcar glas con 1-2 cs de agua hirviendo, remover bien y verter sobre el pastel una vez haya enfriado.

- Variante: Bizcocho con vetas

Mezclar 2 cs de algarroba en polvo con 1/3 de la masa. Rellenar el molde engrasado con la masa clara resultante, y cubrir con otros 2/3 de masa más oscura. Con un tenedor, dibujar espirales en la masa para que así se unan ambas partes. Cocinar como en la receta anterior.

Si lo desea, puede espolvorearlo con azúcar glas o glasearlo.

SUGERENCIAS

Diferentes baños y glaseados
- Baño blanco para un molde rectangular: mezclar 250 g (9 oz) de azúcar glas (pasado por un tamiz) con 4-5 cs de zumo de mango o agua y remover bien con un tenedor.
- Puede mezclar glaseados blancos con un poco de zumo natural de cerezas o de arándanos, o con sirope de frutas (frambuesa o melocotón) y así obtendrá diferentes colores. Preste atención a que no sea alérgico a la fruta que elija. Atención: algunos siropes contienen colorantes.
- Para obtener glaseados verdes: mezclar 250 g (9 oz) de azúcar glas con 1 ct de polvo de hierba de cebada. Calentar 4 cs de zumo de lima y mezclar todo bien.
- Si desea preparar un baño de chocolate: mezclar 250 g (9 oz) de azúcar glas con 1 cs de algarroba en polvo y 2-3 cs de agua templada y removerlo todo bien.

Recetas
BIZCOCHOS, PASTELES Y PASTAS

muy fina
Bizcocho de mantequilla

PARA 1 PLACA DE HORNO (12 UNIDADES)

- 350 g (12 oz) de harina de kamut (o harina de escanda)
- 1 paquete de cremor tártaro | 100 g (4 oz) de copos de avena finos
- 75 g (2½ oz) de azúcar de caña | 250 g (9 oz) de leche de arroz
- 2 pizcas de vainilla Bourbon | sal
- 200 g (7 oz) de margarina vegetal | 6 ml (0,24 fl oz) de aglutinante vegetal
- 50 g (2 oz) de mantequilla de nata agria (en copitos)
- 50 g (2 oz) de azúcar de caña | 30 g (1 oz) de ralladura de coco

🕒 Preparación: 20 min
🕒 Horneado: 20 min
➤ Aprox. 334 kcal por unidad

1 | Cubrir una placa de horno con papel de repostería. Precalentar el horno a 220 ºC (425 ºF). Mezclar la harina con el cremor tártaro. Añadir los copos de avena, el azúcar, la leche, la vainilla, una pizca de sal, margarina, el aglutinante vegetal y 50 ml (2 fl oz) de agua. Formar una masa con todo.

2 | Repartir la masa sobre la placa y presionarla. Echar sobre ella los copitos de mantequilla, mezclar el azúcar con la ralladura de coco y espolvorearlo sobre el bizcocho. Cocinar a 190 ºC (380 ºF) 20 min. Transcurridos 10 min., cubrir el bizcocho con papel de aluminio.

> **TRUCO**
> Puede utilizar también leche de vaca, de cabra o leche de avena.

requiere algo de tiempo
Gofres de cereales

PARA 8 UNIDADES

- aceite para la placa
- 150 g (5 oz) de harina de alforfón
- 1½ cs de harina de arroz
- 1 ct de cremor tártaro
- 3 cs de azúcar de caña
- 1½ cs de aceite de girasol
- 250 ml (9 fl oz) de agua

🕒 Preparación: 30 min
➤ Aprox. 121 kcal por unidad

1 | Calentar una rejilla de gofres untada con un poco de aceite. Mezclar todos los ingredientes hasta obtener una masa homogénea.

2 | Repartir la masa en la rejilla de gofres y dejarla hasta que queden bien dorados.

> **SUGERENCIA**
> Puede servir los gofres acompañados de *mousse* de manzana, compota de cerezas o de bayas. También son ideales para desayunar y puede comerlos con confituras, miel o siropes.
>
> **Crema de algarroba**
>
> Para 300 g (11 oz) de crema de algarroba, mezclar 150 g (5 oz) de mantequilla de nata agria con 50 g (2 oz) de azúcar de caña y 3 cs de algarroba en polvo. También puede añadir 50 g (2 oz) de piñones molidos y mezclar todo bien.
>
> Puede conservarla en el frigorífico 1 semana, pero sin añadirle los piñones.

➤ Variante: puede utilizar harina fina de avena, de cebada o de espelta. Para endulzar, 1 cs de sirope de arce.

Recetas
BIZCOCHOS, PASTELES Y PASTAS

fácil de preparar
Animalitos glaseados

PARA 25 UNIDADES

- 600 g (1 lb 5 oz) de harina de alforfón
- 300 g (11 oz) de margarina vegetal | sal
- 200 g (7 oz) de confitura de albaricoque | 125 g (4½ oz) de azúcar glas
- harina de alforfón para la superficie de trabajo

⏱ Preparación: 70 min
⏱ Reposo: 1 h
⏱ Horneado: 10 min
- Aprox. 207 kcal por unidad

1 | Formar una masa con la harina, la margarina, 200 ml (7 fl oz) de agua y una pizca de sal. Extender la masa con un rodillo. Formar una bola, envolverla en papel de aluminio y dejarla reposar 1 hora.

2 | Cubrir una placa de horno con papel de repostería. Tener a mano moldes con caras de animales. Precalentar el horno a 200 ºC (400 ºF).

3 | Repartir la masa en 4 partes iguales y extenderlas sobre una superficie de trabajo enharinada, dejando un espesor de unos 4 mm. De cada parte, recortar 6 figuras con los moldes. Dejar que se sequen y disponerlas sobre la placa. Formar una masa con los restos y extenderla nuevamente (así podrá hacer alguna figurita más). Hornear a 175 ºC (350 ºF) 10 minutos. Abrir la puerta del horno y dejar que se enfríen sin sacarlos del horno.

4 | Pasar la confitura de albaricoque por un tamiz, calentarla y extender una capa fina sobre las pastas. Mezclar el azúcar glas con 1 cs de agua caliente y remover bien. Introducirla en una manga pastelera con boquilla pequeña y dibujar los ojos, la nariz y la boca sobre las pastas.

SUGERENCIA
Las boquillas a veces son muy grandes. Es preferible utilizar papel de plástico transparente y formar una pequeña bolsita, pinchar un agujero pequeño con una tijera para así poder dibujar las caras perfectamente.

1 Extender la masa
Extenderla en 4 partes iguales sobre una superficie ligeramente enharinada.

2 Recortar las figuras
Recortar las figuras con ayuda de los moldes.

3 Decorar las figuras
Decorar con el baño de azúcar glas metido en una manga pastelera.

Recetas
BIZCOCHOS, PASTELES Y PASTAS

fácil de preparar
Bocaditos de higos

PARA 55 UNIDADES

- 50 g (2 oz) de láminas de plátano (secas)
- 70 g (2³/⁴ oz) de higos secos blandos
- 250 g (9 oz) de miel de acacia
- 125 g (4¹/² oz) de azúcar de caña
- 100 g (4 oz) de copos de avena (no muy finos)
- 1/2 ct de canela en polvo
- 250 g (9 oz) de harina de escanda
- 3 cs de miel de acacia para untar
- **nueces de Macadamia**
- **harina de escanda**

⌚ Preparación: 45 min
⌚ Horneado: 20 min
➤ Aprox. 72 kcal por unidad

1 | Cubrir una placa de horno con papel de repostería. Introducir las láminas de plátano en una bolsita de plástico transparente y pasar con el rodillo sobre la bolsa varias veces (para que así queden desmenuzadas). Retirar los rabillos duros de los higos y cortarlos en trocitos.

2 | Calentar la miel y el azúcar en un cazo pequeño, sin dejar de remover, hasta que se haya disuelto bien el azúcar. Añadir los copos de avena, las láminas de plátano y los higos y dejar cocer, a temperatura mínima, 2 minutos. Disponer en una fuente y enfriar.

3 | Precalentar el horno a 175 ºC (350 ºF). Mezclar en un poco de agua la canela, la harina y el cremor tártaro y añadirlo a la mezcla de copos de avena ya enfriada. Remover todo y extender la masa sobre una superficie ligeramente enharinada. Amasarla bien. Si la masa estuviera demasiado blanda, puede añadir un poco de harina (3 cs a lo sumo). Extender la masa sobre la placa, con un espesor de 1 cm (0,39 pulgadas). Hornear a 155 ºC (310 ºF) 20 minutos.

4 | Para el relleno, mezclar la miel con 4 cs de agua caliente y untar la pasta aún caliente.

5 | Cortar la pasta en pequeños rectángulos, decorarla con las nueces de Macadamia y enfriar sobre la placa.

SUGERENCIAS

➤ Los bocaditos se conservan perfectamente en una lata con tapa hermética.

➤ El azúcar blanco de caña tiene un sabor muy suave. Para obtener un sabor más intenso, utilice azúcar moreno de caña (el que suele utilizarse principalmente para la elaboración de la repostería navideña).

➤ Variante: en lugar de utilizar higos secos, también puede usar dátiles, ciruelas pasas, albaricoques (orejones), pasas o frutos secos mezclados.

Recetas sabrosas y jugosas

¿Qué sería de una tarta sin frutas? Puede disfrutar de un sinfín de recetas utilizando la receta base de pastaflora y lograr ilimitadas variantes según su imaginación. Incluso puede preparar tortitas de frutas. Una buena opción es dejar preparada la masa con antelación y congelarla. Cuando vaya a utilizarla, la descongela y puede elaborar riquísimas tartas con frutas variadas y decorarlas con un baño o glasearlas. Las tartas a base de frutas siempre resultan sabrosas y jugosas.

33 Bizcocho de pera
34 Pastaflora / receta básica
34 Pastel de manzana
37 Tortitas de manzana
38 Bizcocho de mango

38 Bolitas de albaricoque
40 Tarta de arándanos
42 *Muffins* de Macadamia
45 Pastel de dátiles
45 Bolitas de frutos secos

Recetas
RECETAS SABROSAS Y JUGOSAS

Bizcocho de pera

PARA UN MOLDE
DE 26 CM / 10,39 PULGADAS Ø

➤ 1 kg (2¼ lb) de peras no muy duras
150 g (5 oz) de margarina vegetal
150 g (5 oz) de azúcar de caña
9 ml (0,36 fl oz) de aglutinante vegetal
300 g (11 oz) de harina de escanda
3 ct de cremor tártaro
1 cs colmada de algarroba en polvo
50 g (2 oz) de copos de avena finos
una pizca de canela en polvo
125 g (4½ oz) de leche de cabra
margarina vegetal para el molde

1 | Precalentar el horno a 190 ºC (380 ºF). Pelar las peras, cortarlas en trocitos y retirar las semillas. Mezclar la margarina con el azúcar y remover. Mezclar el aglutinante vegetal con la harina, el cremor tártaro, la algarroba, los copos de avena y la canela, y añadirlo a la mezcla de margarina y azúcar, agregando a la vez la leche y 75 ml (3 fl oz) de agua.

2 | Engrasar un molde y rellenar con las 2/3 partes de la masa. Cubrir con los trozos de pera y repartir la masa restante sobre éstos con la ayuda de una cuchara. Hornear, en la parte central y a 175 ºC (350 ºF), durante 45-50 minutos.

➤ Variante: en lugar de leche de cabra puede utilizar leche de oveja o de arroz. Y en lugar del aglutinante vegetal, puede emplear 90 g (3¾ oz) de harina de arroz. En lugar de peras, y si lo digiere bien, puede utilizar manzanas, ciruelas, ciruelas amarillas o cerezas.

Muchas frutas pierden sus propiedades alergénicas al calentarlas.

Recetas
RECETAS SABROSAS Y JUGOSAS

fácil

Pastaflora / receta básica

PARA UN MOLDE DE 26 CM Ø (10,39 PULGADAS) (12 UNIDADES)

- 300 g (11 oz) de harina de escanda
- 200 g (7 oz) de margarina vegetal | 100 g (4 oz) de azúcar de caña
- harina de escanda para la superficie de trabajo

- Preparación: 15 min
- Reposo: 2 h
- Horneado: 20 min
- Aprox. 237 kcal por unidad

1 | Pasar la harina por un tamiz y espolvorearla sobre una superficie de trabajo. Hacer un hueco en el centro e introducir la margarina y el azúcar. Formar con todo una masa homogénea y hacer un rectángulo. Envolverla en papel de plástico transparente y dejarla reposar 2 horas en un lugar fresco.

2 | Precalentar a 180 ºC (360 ºF) el horno. Extender la masa sobre una superficie de trabajo enharinada y continuar según la receta que sea (si se trata de pastas o galletas, la capa de masa deberá ser fina). Si queremos preparar una tarta, extender la masa (dejando una capa más gruesa) y rellenar el molde previamente engrasado. Formar un borde con los dedos, aplastándola ligeramente. Cocinar en el horno a 165 ºC (330 ºF) 15-20 minutos.

TRUCO Una vez preparada la masa, cubrir con frutas frescas y regar con el baño correspondiente.

fácil

Pastel de manzana

PARA 1 PLACA DE HORNO (12 UNIDADES)

- 1 receta base de pastaflora
- 5 manzanas medianas
- 1 paquete de azúcar de vainilla | 50 g (2 oz) de piñones picados fino
- 200 g (7 oz) de confitura de albaricoque
- margarina vegetal para la placa

- Preparación: 35 min
- Reposo: 2 h
- Horneado: 25 min
- Aprox. 344 kcal por unidad

1 | Preparar la pastaflora y dejar reposar 2 horas en un lugar fresco.

2 | Engrasar una placa de horno. Lavar las manzanas, pelarlas y cortarlas en trocitos, retirando las semillas. Cortar los trozos en tiras estrechas. Precalentar el horno a 180 ºC (360 ºF).

3 | Extender la masa sobre la placa y cubrir bien con las tiras de manzana. Mezclar el azúcar de vainilla con los piñones y espolvorear las tiras de manzana. Hornear a 165 ºC (330 ºF) 20-25 minutos.

4 | Pasar la confitura de albaricoque por un tamiz fino y calentarla. Extender una capa fina de confitura sobre el pastel de manzana recién hecho, dejarlo enfriar y cortarlo en porciones.

TRUCO El pastel de manzana puede congelarse y disponer de él cuando lo precise.

En la parte inferior: **Pastaflora** *En la parte superior:* **Pastel de manzana**

Recetas
RECETAS SABROSAS Y JUGOSAS

fácil de preparar
Tortitas de manzana

PARA 6 UNIDADES

- 50 g (2 oz) de harina de maíz | 100 g (4 oz) de harina de escanda
- 1/2 ct de cremor tártaro
- 3 ml (0,12 fl oz) de aglutinante vegetal
- 90 g (3 3/4 oz) de margarina vegetal | 75 g (3 oz) de azúcar glas
- 25 g (3/4 oz) de copos de avena
- 200 g (7 oz) de *mousse* de manzana | margarina vegetal para las tortitas
- 100 g (4 oz) de azúcar glas
- harina de escanda para la superficie de trabajo

⏱ Preparación: 20 min
⏱ Reposo: 1 h
⏱ Horneado: 25 min
➤ Aprox. 396 kcal por unidad

1 | Mezclar en una fuente la harina de maíz, la harina de escanda, el cremor tártaro y 50 ml (2 fl oz) de agua. Añadir la margarina y el azúcar glas y formar con todo una masa homogénea. Seguidamente, hacer un rectángulo, envolverlo en papel de plástico transparente y dejarlo reposar 1 hora en un lugar fresco.

2 | Tostar los copos en una sartén refractaria. Dejarlos enfriar y mezclarlos con la *mousse* de manzana. Engrasar 6 moldes para tortitas (10 cm -4 pulgadas- de diámetro) con una capa fina de margarina. Precalentar el horno a 180 ºC (360 ºF).

3 | Extender 2/3 partes de la masa sobre una superficie de trabajo enharinada, dejando un espesor de 1/2 cm (0,19 pulgadas). Recortar 12 círculos (de aprox. 10 cm -4 pulgadas- de diámetro) y disponer 6 de ellos en los moldes. Repartir sobre ellos la mezcla de *mousse* de manzana. Cubrir con los 6 círculos restantes y apretar ligeramente. Hornear a 165 ºC (330 ºF) durante 25 minutos.

4 | Para el baño, mezclar el azúcar glas con 1 cs de agua caliente y remover bien. Repartir el baño con una cuchara sobre las tortitas en forma de "hilos finos". Dejar que se enfríen en los moldes.

1 Elaborar la masa
Mezclar rápido todos los ingredientes.

2 Tostar
Tostar los copos de avena en una sartén refractaria.

3 Cubrir las tortitas
Cubrir las tortitas con los círculos restantes.

4 Decorar
Repartir el baño sobre las tortitas como "hilos finos".

Recetas
RECETAS SABROSAS Y JUGOSAS

fácil de preparar
Bizcocho de mango

PARA UN MOLDE RECTANGULAR DE 20 CM (8 PULGADAS) (12 UNIDADES)

- 1 mango (150 g -5 oz- de pulpa aprox.)
- 175 g (6 oz) de margarina vegetal | 200 g (7 oz) de azúcar de caña
- 6 ml (0,24 fl oz) de aglutinante vegetal
- 150 g (5 oz) de harina de kamut (o harina de escanda)
- 2 ct de cremor tártaro
- 100 g (4 oz) de copos de avena finos | sal
- 120 g (4 3/4 oz) de azúcar glas | margarina vegetal para el molde

- Preparación: 45 min
- Horneado: 45 min
- Aprox. 311 kcal por unidad

1 | Pelar el mango y cortar la pulpa en trocitos. Introducirlo en una cazuela con 100 ml (4 fl oz) de agua y cocerlo, a temperatura mínima durante 30 minutos.

2 | Pasar todo por un tamiz, incluyendo el agua de cocción, verterlo en una fuente y dejar que se enfríe. Mientras tanto, batir 175 g (6 1/2 oz) de margarina con el azúcar. Añadir el aglutinante vegetal y 50 ml (2 fl oz) de agua, batiendo todo bien. Mezclar aparte la harina de kamut (o de espelta) con el cremor tártaro y añadirlo a la masa anterior. Agregar los copos de avena, una pizca de sal y el puré de mango, y remover todo bien.

3 | Precalentar el horno a 190 ºC (380 ºF) y engrasar el molde con una capa fina de margarina. Introducir la masa en el molde, alisarla bien y hornear a 175 ºC (350 ºF), durante 40-50 minutos. Transcurridos 30 minutos, cubrir la superficie con un trozo de papel de cocina y seguir con el tiempo de cocción restante.

4 | Para elaborar el baño, mezclar el azúcar glas con 2 cs de agua caliente, batir bien y repartirlo sobre el bizcocho.

- Variante: en lugar del cremor tártaro también puede utilizar 60 g (2 oz) de harina de arroz.

rápida
Bolitas de albaricoque

PARA 30 UNIDADES

- 200 g (7 oz) de albaricoques secos
- 200 g (7 oz) de ralladura de coco

- Preparación: 20 min
- Tiempo de remojo: 3 h
- Aprox. 56 kcal por unidad

1 | Dejar los albaricoques en agua templada 2-3 horas. Seguidamente, escurrirlos y aplastarlos ligeramente.

2 | Picar los albaricoques con la picadora. Añadir la mitad de la ralladura de coco y picarlos nuevamente hasta obtener una masa homogénea.

3 | Disponer la masa en una fuente, agregar la ralladura de coco restante y formar con todo una masa. Formar pequeñas bolitas y colocarlas en pequeños moldes de papel (según la fotografía). Mantener las bolitas de albaricoque en un lugar fresco.

Recetas
RECETAS SABROSAS Y JUGOSAS

exquisita
Tarta de arándanos

PARA UN MOLDE DE UNOS 26 CM Ø (10,39 PULGADAS) (12 UNIDADES)

- Para la masa:
  - 125 g (4½ oz) de yogur de leche de oveja
  - 4 cs de aceite de girasol
  - 125 g (4½ oz) de azúcar de caña
  - 1 paquete de azúcar de vainilla
  - 250 g (9 oz) de harina de escanda
  - 1 1/2 l (52 fl oz) de cremor tártaro
  - 125 g (4½ oz) de nueces de Macadamia picadas y sin sal
- Para el relleno:
  - 300 g (11 oz) de arándanos
  - 1 paquete de pudín de vainilla en polvo

⏱ Preparación: 30 min
⏱ Horneado: 40 min
▶ Aprox. 245 kcal por unidad

1 | Cubrir el molde con papel de repostería. Mezclar el yogur, el aceite, 50 g (2 oz) de azúcar y el azúcar de vainilla, removiendo bien. Espolvorear la harina de escanda y el cremor tártaro sobre la masa con un tamiz, añadir 100 g (4 oz) de nueces de Macadamia y formar con todo una masa homogénea. Extender la masa sobre el fondo del molde, procurando que quede fina y dejando una altura de 1 cm (0,39 pulgadas) por el borde.

2 | Precalentar el horno a 200 ºC (400 ºF). Para el relleno, lavar los arándanos y disponerlos en una fuente. Añadir 2-3 cs de agua, el pudín de vainilla en polvo y el azúcar restante, y remover bien. Repartir la masa de arándanos sobre el fondo y cocinar en el horno, en la parte central y a 175 ºC (350 ºF), durante 30-40 minutos. Transcurridos 30 minutos, cubrir la superficie con papel de aluminio.

3 | Dejar enfriar dentro del molde. Separar las orillas cuidadosamente y espolvorear con las nueces de Macadamia restantes.

▶ Variantes: si lo digiere bien, puede utilizar en lugar de harina de escanda una mezcla a base de harina de alforfón y harina de trigo.

También puede sustituir las nueces de Macadamia por piñones picados.

Para el relleno, mezclar los ingredientes según la receta y añadirlos seguidamente a la masa. Durante el tiempo de horneado, pinchar el pastel con un palito de madera para comprobar su textura.

Espolvorear la tarta, una vez horneada, con nueces de Macadamia picadas. De esta manera, la tarta obtiene un color azulado aún más intenso y su sabor es más jugoso.

TRUCO: En lugar de arándanos, puede utilizar cualquier otra clase de bayas.

Recetas
RECETAS SABROSAS Y JUGOSAS

original
Muffins de Macadamia

PARA 6 MUFFINS

- 50 g (2 oz) de harina de maíz | 100 g (4 oz) de harina de escanda
- 4 cs de puré de mango (fresco o envasado)
- 1 cs de zumo de manzana
- 50 g (2 oz) de azúcar de caña
- 2 ml (0,8 fl oz) de aglutinante vegetal
- 70 g ($2^{3/4}$ oz) de nueces de Macadamia picadas sin sal
- 100 g (4 oz) de azúcar glas
- harina de escanda para la superficie de trabajo

- Preparación: 20 min
- Horneado: 15 min
- Aprox. 432 kcal por unidad

1 | Mezclar las harinas y reservar 50 g (2 oz) de la mezcla obtenida. Disponer el resto en una fuente. Añadir 100 g (4 oz) de margarina, 2 cs de puré de mango y el zumo de manzana, y formar una masa homogénea.

2 | Extender la masa obtenida sobre una superficie previamente espolvoreada con harina de escanda hasta dejar una capa fina. Recortar circunferencias con un vaso (de unos 8 cm -3,18 pulgadas- de diámetro). Retirarlas y disponerlas en los moldes de *muffins*, aplastándolas ligeramente hasta obtener la forma del molde.

3 | Precalentar el horno a 200 ºC (400 ºF). Para el relleno, mezclar la harina restante, la margarina, el puré de mango, el azúcar, el aglutinante vegetal, las nueces de Macadamia y 1 cs de agua, y formar una masa homogénea. Rellenar los moldes.

4 | Hornear en la parte central a 175 ºC (350 ºF) 15 minutos. Seguidamente, dejar enfriar y desmoldar. Mezclar el azúcar glas con 1 cs de agua caliente hasta obtener una masa y decorar los *muffins* según la fotografía

- Variante: puede sustituir el aglutinante vegetal por harina de arroz.

1 Retirar la masa
Disponer la masa en los moldes de muffins, aplastándola ligeramente.

2 Rellenar los nidos
Rellenar cada molde con la mezcla de mango.

3 Decorar los *muffins*
Decorar los muffins con el azúcar glas.

Recetas
RECETAS SABROSAS Y JUGOSAS

requiere algo de tiempo
Pastel de dátiles

PARA UN MOLDE DE UNOS 26 CM Ø (10,39 PULGADAS) -12 UNIDADES-

- 300 g (11 oz) de granos de avena enteros
- 350 g (12 oz) de dátiles secos
- 240 g (9 oz) de margarina vegetal | 180 g (6 ¾ oz) de azúcar de caña
- un pizca de vainilla *Bourbon*
- 165 g (6 ½ oz) de harina de escanda
- sal | margarina vegetal para el molde
- harina de escanda para las migas

- Preparación: 25 min
- Tiempo de remojo: 12 h
- Horneado: 75 min
- Aprox. 428 kcal por unidad

1 | Pasar por agua los granos de avena y dejarlos a remojo en agua templada toda la noche.

2 | Precalentar el horno a 170 ºC (340 ºF). Deshuesar los dátiles y picarlos grueso en la picadora. Mezclar la margarina con el azúcar y la vainilla, removiendo bien. Añadir harina, una pizca de sal y remover.

3 | Escurrir los granos de avena y añadirlos a la masa. Amasar bien con las manos. Repartir 2/3 de la masa en un molde (previamente engrasado con un poco de margarina) aplastarla con los dedos y formar una altura de 1 cm (0,39 pulgadas) aprox. en el borde del molde. Repartir los dátiles por encima.

4 | Espolvorear con un poco de harina el resto de la masa y formar con las manos migas para repartirlas por la masa de dátiles. Hornear a 155 ºC (300 ºF) 75 minutos.

rápida
Bolitas de frutos secos

PARA 20 UNIDADES
- 50 g (2 oz) de dátiles secos
- 50 g (2 oz) de higos secos
- 30 g (2 oz) de harina de alforfón
- 2 cs de aceite de girasol

- Preparación: 15 min
- Aprox. 27 kcal por unidad

1 | Deshuesar los dátiles. Trocear los dátiles y los higos menudo y triturarlos con 1 cs de agua en la batidora.

2 | Mezclar el puré obtenido con la harina y el aceite, y extender la masa con un rodillo. Formar con las manos pequeñas bolitas. Si lo prefiere, puede colocar las bolitas en pequeños moldes de papel y dejar que se sequen.

- Variante: en lugar de la harina, puede utilizar piñones molidos muy fino. Seguidamente, también puede rebozar las bolitas en azúcar glas o en azúcar de canela.

SUGERENCIAS

- Para poder trabajar mejor la masa con los frutos secos, déjelos previamente a remojo; después, aplaste ligeramente los frutos remojados y tritúrelos en la batidora (en este caso, no es necesario añadir agua).

- Las bolitas pueden conservarse en una lata de aluminio, aunque no demasiado tiempo.

En la parte inferior: Bolitas de frutos secos   *En la parte superior:* Pastel de dátiles

Bocaditos dulces y salados

El pan que consumimos a diario también puede elaborarlo usted mismo. Precisamente, cuando nos encontramos con el inconveniente de que no toleramos la leche ni los huevos, es una buena idea preparar nosotros el pan, los panecillos y las pizzas. Además, no resulta nada complicado. El pan y los panecillos pueden congelarse y recalentarse posteriormente en el horno. Y la pasta de pizza sin levadura puede igualmente elaborarse con numerosos y variados ingredientes, obteniendo un sinfín de recetas. ¡No deje de probar las minipizzas de distintos sabores para todos los gustos!

47	Panecillos sin levadura	51	Galletas de queso
48	Pan de molde sin levadura	53	Pizza de espinacas sin levadura
48	Pan de finas hierbas	53	Pizza de carne picada
51	Barritas de escanda y queso		

Recetas
BOCADITOS DULCES Y SALADOS

sabrosa
Panecillos sin levadura

PARA 12 UNIDADES

- 500 g (1 lb) de harina de escanda
- 1 paquete de cremor tártaro
- sal | 80 g (3 1/4 oz) de margarina vegetal
- 20 g (3/4 oz) de mantequilla líquida elaborada con nata agria

1 | Precalentar el horno a 190 ºC (380 ºF). Disponer 300 ml (10 fl oz) de agua en una fuente. Mezclar la harina con el cremor tártaro y 1 cs de sal, y añadirla al agua. Agregar la margarina y formar una masa homogénea.

2 | Engrasar un molde para *muffins*. Rellenarlo con la masa y hornear los panecillos durante 20 minutos a 175 ºC (350 ºF) en la parte central. Untarlos con la mantequilla y dejarlos otros 5 minutos más.

TRUCO

Puede espolvorear los panecillos con semillas de adormidera, copos de avena, sésamo, pipas de girasol o de calabaza, y también con queso rallado.

Los panecillos resultarán sabrosos si se mezclan las especias (p. ej. semillas de cilantro) y las hierbas secas (mejorana, tomillo) con la masa.

- Variante ("panecillos para fiestas"): formar 12 panecillos con la masa y con las manos espolvoreadas de harina. Mojar las esquinas con un poco de agua y extenderlos sobre una placa de horno cubierta con papel de repostería en forma de corona. Untar los panecillos con agua y espolvorearlos al gusto. Proceder como en la receta anterior.

Recetas
BOCADITOS DULCES Y SALADOS

fácil
Pan de molde sin levadura

PARA 1 PAN DE MOLDE DE 20 CM (8 PULGADAS) (20 REBANADAS)

- 500 g (1 lb) de harina de escanda
- sal | 4 cs de azúcar de caña
- 1 paquete de cremor tártaro
- 80 g (3¼ oz) de margarina vegetal | aceite para el molde

TRUCO
El pan de molde es ideal para tostar. También puede congelarlo en rebanadas una vez que haya enfriado del todo. Así, puede utilizar las rebanadas según su conveniencia, tostarlas o simplemente dejar que se descongelen.

- Preparación: 10 min
- Horneado: 45 min
- Aprox. 125 kcal cada unidad

1 | Precalentar el horno a 200 ºC (400 ºF). Disponer en una fuente 300 ml (10 fl oz) de agua templada, harina, 1 cs de sal, azúcar, el cremor tártaro y la margarina y formar una masa homogénea. Engrasar un molde rectangular con un poco de aceite y verter en él la masa obtenida.

2 | Pinchar la superficie de la masa con la punta de un cuchillo para que la masa no se quiebre. Hornear en la parte central a 180 ºC (360 ºF) 35-45 minutos. Dejar enfriar el pan dentro del molde.

fácil
Pan de finas hierbas

PARA 3 PANES DE 14 CM Ø (5,57 PULGADAS)

- 500 g (1 lb) de harina de escanda
- 1 paquete de cremor tártaro | sal
- 80 g (3¼ oz) de mantequilla
- 4 cs de azúcar de caña
- 2 cs de finas hierbas frescas (mejorana y eneldo frescos, o especias secas especialmente indicadas para pizza a base de orégano, albahaca, romero, ajedrea y tomillo)
- margarina para los tiestos de barro

- Preparación: 15 min
- Horneado: 35 min
- Aprox. 815 kcal por cada pan

1 | Engrasar 3 tiestos pequeños de barro (14 cm -5,57 pulgadas- de diámetro), nuevos y muy limpios, con la mantequilla.

2 | Disponer 300 ml (10 fl oz) de agua en una fuente. Mezclar la harina y el cremor tártaro, y añadirlo a la fuente, pasándolo por un colador. Agregar sal, mantequilla, azúcar y las hierbas frescas (o especias secas), y remover bien. Precalentar el horno a 220 ºC (425 ºF).

3 | Repartir la masa en los tiestos y hornear, en la parte central a 200 ºC (400 ºF), durante 20 minutos. A continuación, cubrirlos con papel de aluminio y dejarlos 15 minutos más.

En la parte inferior: **Pan de molde sin levadura**   *En la parte superior:* **Pan de finas hierbas**

Recetas
BOCADITOS DULCES Y SALADOS

refinada
Barritas de escanda y queso

PARA 50 UNIDADES

- 195 g (7³ᐟ⁴ oz) de patatas
  270 g (9³ᐟ⁴ oz) de harina de escanda | sal
  2 ct de cremor tártaro
  300 g (11 oz) de queso Gouda de oveja rallado
  1 cs de aceite de girasol
  harina de escanda para la superficie de trabajo

- Preparación: 1 h
- Horneado: 15 min
- Aprox. 41 kcal por unidad

1 | Lavar las patatas, pelarlas, cubrirlas con agua y cocerlas durante 25 minutos. Escurrirlas y aplastarlas bien.

2 | Pasar la harina, 1 ct de sal y el cremor tártaro por un tamiz, añadir 130 g (4¹ᐟ² oz) de queso y la masa de patata. Agregar 200 ml (7 fl oz) de agua y aceite, y formar una masa lisa y homogénea.

3 | Precalentar el horno a 200 ºC (400 ºF). Extender la masa, dejando 1/2 cm (0,19 pulgadas) de espesor, sobre una superficie de trabajo enharinada. Cortar la masa en tiras de aprox. 10 x 3 cm (4 x 1,18 pulgadas). Reservar 30 g (1¹ᐟ⁴ oz) del queso y repartir el queso restante sobre las tiras.

4 | Enrollar las tiras de masa (por la parte más larga), disponerlas sobre la placa y espolvorearlas con queso rallado. Hornear en la parte central y a 175 ºC (350 ºF) 15 minutos.

- Variante: son ideal es para tomar en el recreo o durante la pausa del trabajo. Rallar 250 g (9 oz) de queso y mezclarlo con la masa. Formar panecillos, espolvorearlos con queso rallado y cocinarlos como se ha descrito.

picante
Galletas de queso

PARA 55 UNIDADES

- 75 g (3 oz) de harina de escanda
  50 g (2 oz) de queso Gouda rallado | 25 g (1 oz) de margarina vegetal
  1 1/2 ml (52 fl oz) de aglutinante vegetal
  harina de escanda para la superficie de trabajo
  sésamo para espolvorear

- Preparación: 40 min
- Reposo: 30 min
- Horneado: 10 min
- Aprox. 13 kcal por unidad

1 | Cubrir una placa de horno con papel de repostería. Mezclar en una fuente la harina de escanda y el queso. Añadir la margarina, el aglutinante vegetal y 3 ct de agua. Formar una masa en forma de rectángulo. Dejarla reposar tapada en el frigorífico 30 minutos.

2 | Precalentar el horno a 180 ºC (360 ºF). Enharinar la superficie de trabajo y extender la masa, dejando unos 4-5 mm de espesor. Formar círculos, cuadrados o rombos, y disponer las galletas sobre la placa.

3 | Untar las galletas con agua, espolvorearlas con sésamo y hornearlas a 165 ºC (330 ºF), durante 5-10 minutos, hasta que estén bien doraditas.

- Variante: puede emplear queso de cabra, y sustituir el aglutinante vegetal por 10 g (1/4 oz) de harina de arroz.

◂ *En la parte inferior:* **Galletas de queso**   *En la parte superior:* **Barritas de escanda y queso**

Recetas
BOCADITOS DULCES Y SALADOS

fácil
Pizza de espinacas sin levadura

PARA 1 BANDEJA (4 PERSONAS)

- Para la masa de pizza sin levadura:
  200 g (7 oz) de patatas harinosas | 270 g (10 oz) de harina de escanda
  2 ct de cremor tártaro | sal
  1 cs de aceite de girasol
- Para el relleno:
  600 g (1 lb 5 oz) de espinacas de hoja | pimienta negra
  nuez moscada rallada
  1 cebolla pequeña
  200 g (7 oz) de queso Gouda de oveja en lonchas finas

- Preparación: 40 min
- Horneado: 25 min
- Aprox. 459 kcal por persona

1 | Para la masa, lavar las patatas, pelarlas, cubrirlas con agua y cocerlas 25 minutos. Escurrirlas y aplastarlas bien.

2 | Disponer en una fuente la harina, sal y el cremor tártaro, añadir la masa de patata, 200 ml (7 fl oz) de agua y el aceite, y formar una masa lisa y homogénea.

3 | Precalentar el horno a 220 ºC (425 ºF). Para el relleno, lavar las espinacas, retirar los rabillos grandes y blanquear las hojas en agua hirviendo 2 minutos. Escurrirlas bien en un colador, salarlas y condimentarlas con nuez moscada. Pelar la cebolla, picarla fino y añadirla.

4 | Cubrir una placa de horno con papel de repostería. Extender la masa uniformemente y cubrirla con las espinacas y el queso. Hornear la pizza, en la parte central y a 190 ºC (380 ºF), 25 minutos.

variante
Pizza de carne picada

PARA 12 MINIPIZZAS

- 1 base de masa de pizza sin levadura (izquierda)
  2 cs de aceite, sal
  250 g (9 oz) de carne picada de novillo
  unas gotitas de condimento líquido (*Maggi*)
  1 cs de eneldo picado fino
  300 g (11 oz) de espinacas de hoja
  200 g (7 oz) de queso Gouda de oveja rallado grueso

- Preparación: 45 min
- Horneado: 25 min
- Aprox. 654 kcal por unidad

1 | Preparar la masa de pizza según la receta anterior. Calentar el aceite en una sartén, freír la carne y añadir las gotitas de condimento. Salar y agregar el eneldo.

2 | Precalentar el horno a 220 ºC (425 ºF). Lavar las espinacas, retirar los rabillos grandes y blanquear las hojas en agua hirviendo durante 2 minutos. Escurrirlas bien en un colador y salar.

3 | Cubrir una placa de horno con papel de repostería. Formar 12 minipizzas con la masa de pizza (de unos 10 cm -4 pulgadas- de diámetro) y repartir sobre ellas la carne picada. Cubrirlas con las espinacas y espolvorear con queso rallado. Hornear las minipizzas, en la parte central y a 190 ºC (380 ºF), durante 25 minutos.

Recetas para ocasiones especiales

Siempre hay fechas señaladas (como pueden ser cumpleaños, Semana Santa, Navidad) en las que se puede organizar una pequeña fiesta con los seres queridos y en las que no puede faltar una deliciosa repostería. Y con las siguientes sugerencias no tendremos ningún problema para preparar estas delicias, aunque prescindamos de la leche y de los huevos. No hay que preocuparse... ¡manos a la obra!

55   Bolitas de algarroba
55   Erizos
56   Conejo de Pascua
58   Bizcocho de Navidad

RECETAS PARA OCASIONES ESPECIALES

Bolitas de algarroba

PARA 65 UNIDADES

- 200 g (7 oz) de grasa de coco
  2 cs de algarroba en polvo
  150 g (5 oz) de ralladura de coco
  100 g (4 oz) de copos de avena
  50 g (2 oz) de harina de avena
  70 g (3 oz) de azúcar de caña

1 | Derretir la grasa de coco al baño María. Verterla en una fuente y mezclarla con la algarroba en polvo, 100 g (4 oz) de ralladura de coco, los copos de avena, la harina de avena y el azúcar. Remover todo bien hasta obtener una masa homogénea y meterla en el congelador 10 minutos.

2 | Retirar con una cucharita pequeñas porciones y formar con las manos bolitas regulares. Pasarlas por la ralladura de coco restante. Servirlas bien frías.

Erizos

PARA 40 UNIDADES

- 150 g (5 oz) de margarina vegetal
  125 g ($4^{1/2}$ oz) de azúcar de caña
  30 g (3/4 oz) de harina de arroz
  3 cs de algarroba en polvo
  250 g (9 oz) de harina de escanda
  1 ct de cremor tártaro | sal

1 | Mezclar todos los ingredientes con una pizca de sal y 4 cs de agua hasta obtener una masa homogénea. Formar con la masa un rollo (de 3 cm -1,18 pulgadas- de diámetro) y mantenerlo en lugar frío 2 horas.

2 | Precalentar el horno a 180 ºC (360 ºF). Formar pequeñas bolitas ovaladas y, con una tijera, formar los pinchos de los erizos. Colocarlos en una placa de horno con papel de repostería y hornear 12-15 minutos en la parte central.

Recetas
RECETAS PARA OCASIONES ESPECIALES

para regalar
Conejo de Pascua

PARA 2 CONEJOS

- 500 g (1 lb) de harina de escanda

  1 paquete de levadura en polvo | sal

  4 cs de azúcar de caña

  80 g (3 oz) de margarina vegetal | harina de escanda para la superficie de trabajo

  100 g (4 oz) de confitura de albaricoque

- Preparación: 25 min
- Reposo: 30 min
- Horneado: 20 min
- Aprox. 667 kcal por unidad

1 | Mezclar la harina con la levadura en una fuente. Añadir 300 ml (10 fl oz) de agua templada, 2 ct de sal, azúcar y margarina, y amasar todo sobre una superficie enharinada. Formar una bola y dejarla reposar, tapada, durante 30 minutos a temperatura ambiente. Seguidamente, volver a amasar.

2 | Precalentar el horno a 190 ºC (380 ºF). Cortar la masa en varios trozos: para un conejo necesitará 1 cabeza, 2 orejas, nariz, tronco, 2 brazos y 2 patas. Cubrir una placa de horno con papel. Formar las diferentes partes del conejo y disponerlas directamente sobre la placa. Con un cuchillo, hacer pequeñas muescas en los extremos de unión, untándolos con agua. Cocinar las figuras durante 15-20 minutos a 175 ºC (350 ºF).

3 | Pasar la confitura de albaricoque por un tamiz fino y, a continuación, calentarla en un cazo. Una vez enfriadas las figuras, untarlas con la confitura con un pincel.

TRUCOS

- Los conejos quedarán más vistosos si los decoramos con azúcar glas: para ello, mezclar el azúcar glas con agua hasta obtener el punto perfecto para bañar la figura. Puede mezclarse también con pintura especial para alimentos y obtener así distintos colores.

- La masa reposará mejor si la tapamos con un cazo caliente.

1 Cortar la masa en porciones

Cortar la masa en trozos y formar las diferentes partes del cuerpo.

2 Hacer muescas en los extremos

Con un cuchillo, hacer pequeñas muescas y untarlas con agua.

3 Unir las diferentes partes

Formar las figuras directamente sobre la placa del horno.

Recetas
RECETAS PARA OCASIONES ESPECIALES

exquisita
Bizcocho de Navidad

PARA 1 BIZCOCHO
(20 REBANADAS)

➤ 100 g (4 oz) de dátiles secos | 100 g (4 oz) de higos secos blandos
400 g (14 oz) de harina de avena | 1 paquete de levadura en polvo
150 ml (5 1/2 fl oz) de leche de cabra | sal
250 g (9 oz) de margarina vegetal | 100 g (4 oz) de azúcar de caña
1/2 ct de canela en polvo
1 pizca de clavo en polvo
3 ml (0,12 fl oz) de aglutinante vegetal
100 g (4 oz) de piñones picados muy fino
50 g (2 oz) de azúcar glas

⏱ Preparación: 30 min
⏱ Horneado: 75 min

➤ Aprox. 259 kcal por rebanada

1 | Precalentar el horno a 180 ºC (360 ºF). Retirar los huesos de los dátiles. Trocear los dátiles y los higos menudo y reservarlos. Mezclar la harina junto con la levadura en una fuente. Añadir la leche, 200 g (7 oz) de margarina, el azúcar, una pizca de sal, la canela, el clavo, el aglutinante vegetal, 75 ml (3 fl oz) de agua mineral sin gas y los piñones. Formar una masa con la batidora eléctrica, disponerla sobre una tabla de hornear e introducir los frutos secos en la misma.

2 | Cubrir una placa de horno con papel de repostería. Engrasar un molde rectangular para bizcocho y rellenarlo con la masa. Volcar el molde sobre la placa del horno y hornear, sin retirar el molde, a 165 ºC (330 ºF) durante 75 minutos. Retirar el molde 20 minutos antes de que acabe el tiempo de horneado y dejar que se termine de hacer.

3 | Calentar la margarina restante y untar el bizcocho. Dejar enfriar y espolvorear con el azúcar glas.

TRUCO Para conservarlo, envolverlo en papel de plástico transparente o guardarlo en una lata de aluminio.

1 Mezclar los ingredientes
Mezclar todos, excepto los frutos secos, con la batidora eléctrica.

2 Introducir los frutos en la masa
Introducir con cuidado los frutos secos en la masa.

3 Retirar del horno
Untar el bizcocho con la margarina derretida y espolvorear con el azúcar glas.

Extra
ÍNDICE

A
Aceites (ingredientes básicos) 9
Adormidera:
   Galletas de queso 51
Aglutinante vegetal
   (ingredientes básicos) 11
Agua de coco
   (ingredientes básicos) 9
Alérgenos ocultos
   (conceptos básicos) 7
Alergia a la leche de vaca
   (conceptos básicos) 4
Alergia a los huevos
   (conceptos básicos) 6
Alergias e intolerancias
   (conceptos básicos) 6
Algarroba
   Bizcocho de pera 33
   Bolitas de algarroba 55
   Crema de algarroba
   (sugerencia) 26
   Erizos 55
   Ingredientes básicos 11
Alternativas a la leche de vaca
   y al huevo
   (conceptos básicos) 8
Anacardo
   Crocantes de anacardo
   y piñones 13
   Triángulos de anacardo 14
Animalitos glaseados 29
Arándanos
   Muffins de avena 23
   Pastel de arándanos 40
Avena (ingredientes básicos) 10
Azúcar de caña
   (ingredientes básicos) 11

B
Bebida de soja
   (ingredientes básicos) 8

Bizcocho de mantequilla 26
Bizcocho de Navidad 58
Bizcocho de pera 33
Bocaditos de higos 30
Bolitas de albaricoque 38
Bolitas de frutos secos 45

C
Cacao
   (ingredientes básicos) 11
Churros de maíz 16
Conejo de Pascua 56
Copos de avena
   Barritas de coco 18
   Bizcocho de mango 38
   Bizcocho de mantequilla 26
   Bizcocho de Navidad 58
   Bizcocho de pera 33
   Bocaditos de higos 30
   Bolitas de algarroba 55
   Cuadraditos de muesli 21
   Pastas de sésamo 14
   Tortitas de manzana 37
Crocantes de anacardo
   y piñones 13
Cuadraditos de muesli 21

D
Dátiles
   Barritas de coco 18
   Bizcocho de Navidad 58
   Bolitas de frutos secos 45
   Fritos de dátil 16
   Pastas de sésamo 14
   Pastel de dátiles 45

E
Erizos 55
Espinacas
   Pizza de carne picada 52
   Pizza
   de espinacas 52

F
Fritos de dátil 16
Frutas para alérgicos
   (ingredientes básicos) 11
Frutos secos (ingredientes
   básicos) 11

G
Glaseados
   (sugerencia) 24
Gofres de cereales 26
Granos de avena:
   Pastel de dátiles 45
Grasas y aceites
   (ingredientes básicos) 9

H
Harina: diferentes clases
   (ingredientes básicos) 10
Harina de alforfón
   Animalitos glaseados 29
   Gofres de cereales 26
   Ingredientes básicos 10
   Pastas de sésamo 14
Harina de arroz
   Erizos 55
   Ingredientes básicos 10
Harina de avena
   Bizcocho de Navidad 58
   Bolitas de algarroba 55
   Fritos de dátil 16
   Muffins de avena 23
Harina de escanda
   Barritas de escanda
   y queso 51
   Bizcocho de pera 33
   Bocaditos de higos 30
   Conejo de Pascua 56
   Cuadraditos de muesli 21
   Erizos 55
   Galletas de queso 51
   Muffins de Macadamia 42

Extra
ÍNDICE

Pan de finas hierbas
en tiestos de barro — 48
Pan de molde
sin levadura — 48
Panecillos sin levadura — 47
Pastaflora:
receta base — 34
Pastas de escanda — 18
Pastel de arándanos — 40
Pastel de dátiles — 45
Pizza
sin levadura (masa) — 55
Tortitas de manzana — 37

Harina de garbanzos
Ingredientes básicos — 10
Pastas de sésamo — 14

Harina de kamut
Bizcocho de mango — 38
Bizcocho
de mantequilla — 26
Pastel de cumpleaños — 24
Pirámides
de coco — 13

Higos
Bizcocho de Navidad — 58
Bocaditos de higos — 30
Bolitas
de frutos secos — 45

I
Intolerancias
(conceptos básicos) — 6

L
Leche
- agria, productos a base
de (ingredientes básicos) — 9
- de arroz (ingredientes
básicos) — 8
- de avena (ingredientes
básicos) — 8
- de cabra (ingredientes
básicos) — 8
- de coco (ingredientes
básicos) — 9
- de oveja — 8

M
Manzana
Bizcocho con vetas
(variante) — 24
Pastel de manzana — 34
Tortitas de manzana — 37
Muffins de Macadamia — 42

N
Nueces de Macadamia
Bocaditos de higos — 30
Muffins de Macadamia — 42
Pastel de arándanos — 40

P
Pan
- de finas hierbas
en tiestos de barro — 48
- de molde sin levadura — 48
Panecillos sin levadura — 47
Pastaflora: receta base — 34
Pastas
Animalitos glaseados — 29
- de escanda — 18
- de sésamo — 14
Pastel de arándanos — 38
Pastel de cumpleaños — 24
Patatas:
Pizza sin levadura (masa) — 53
Piñones
Bizcocho de Navidad — 58
Crocantes de anacardo
y piñones — 13
Cuadraditos de muesli — 21
Pastel de cumpleaños — 24
Pastel de manzana — 34

Pipas: Cuadraditos de muesli — 21
Pizza
- de carne picada — 52
- de espinacas — 52
- (masa) sin levadura — 52
Pseudoalergia — 6

Q
Queso
Barritas de escanda y queso — 51
- fresco
(ingredientes básicos) — 9
Galletas de queso — 51
Pizza de carne picada — 52
Pizza de espinacas — 52

R
Ralladura de coco
Barritas de coco — 18
Bizcocho de mantequilla — 26
Bolitas de albaricoque — 38
Bolitas de algarroba — 55
Cuadraditos de muesli — 21
Pirámides de coco — 13

S/T
Sésamo
Galletas de queso — 51
Pastas de sésamo — 14
Triángulos de anacardo — 14

61

Las autoras

Sonja Carlsson, ecotrofóloga diplomada y periodista especializada en temas de salud y alimentación, ha colaborado extensamente en la parte teórica.

Ilka Saager se ha dedicado intensamente a la cocina, prescindiendo de la leche y de los huevos desde que 2 de sus hijos tuvieron que renunciar a estos productos como consecuencia de una neurodermitis e intolerancia a ciertos alimentos. Las recetas han sido elaboradas y recopiladas con una dedicación especial.

El fotógrafo

El estilo inconfundible de Michael Brauner es bien conocido. Ha colaborado en numerosos anuncios publicitarios y con prestigiosas editoriales. Dispone de un estudio propio en Karlsruhe, y ha realizado una gran cantidad de fotografías para libros de cocina.

Atención
Los grados de temperatura de los hornos de gas varían de un fabricante a otro. Para comprobar las posibles correspondencias, consulte las instrucciones de su horno.

Fotografías

FoodPhotography Eising, Martina Görlach: fotografía de cubierta.
Teubner Foodfoto: págs. 5, 9 (excepto la leche de coco), 10, 11 (azúcar de caña).
Restantes fotografías: Michael Brauner

Jefe de redacción:
Birgit Rademacker
Redacción: Anne Taeschner
Revisión: Susanne Boden-steiner
Composición: Verlagssatz Lingner
Maquetación, tipografía y diseño de cubierta: independent medien-Design, Múnich
Producción: Helmut Giersberg

Título original: *Backen ohne Milch und Ei, von Apfeltörtchen bis Gemüsepizza*
Traducción:
María Victoria Martínez Vega

ABREVIATURAS:

cs = cucharada sopera
ct = cucharadita de té
fl oz = onza fluida
g = gramo
h = hora
kcal = kilocalorías
kg = kilogramo
l = litro
lb = libra
min = minuto
ml = mililitros
oz = onza

© Gräfe und Unzer GmbH y
EDITORIAL EVEREST, S. A.
Carretera León-La Coruña, km 5 - LEÓN
ISBN: 84-241-1719-0
Depósito Legal: LE: 292-2005
Printed in Spain - Impreso en España

EDITORIAL EVERGRÁFICAS, S. L.
Carretera León-La Coruña, km 5
LEÓN (ESPAÑA)

No está permitida la reproducción total o parcial de este libro, ni su tratamiento informático, ni su transmisión de ninguna forma o por cualquier medio, ya sea electrónico, mecánico, por fotocopia, por registro u otros métodos, sin el permiso previo y por escrito de los titulares del *Copyright*.
Reservados todos los derechos, incluido el derecho de venta, alquiler, préstamo o cualquier otra forma de cesión del uso del ejemplar.
La infracción de los derechos mencionados puede ser constitutiva de delito contra la propiedad intelectual (arts. 270 y ss. Código Penal). El Centro Español de Derechos Reprográficos (www.cedro.org) vela por el respeto de los citados derechos.

www.everest.es
Atención al cliente: 902 123 400

GLOSARIO DE TÉRMINOS

España	Latinoamérica	En inglés
Albaricoque	Durazno, damasco	Apricot
Alubia blanca	Judía blanca, haba blanca	Beans
Beicon	Tocino de puerco, panceta, tocineta	Bacon
Cacahuete	Cacahuate, maní	Peanut
Calabacín	Calabacita, calabaza, zapallito	Zucchini
Callo, morro	Mondongo	Tripe
Cochinillo	Lechón, cochinita, cerdito	Piglet
Creps	Crepas, panqueque, arepas	Crêpe
Dulce, membrillo	Ate, dulce de cereza	Quince
Entremés	Botana, copetín, entremeses	Hors d´oeuvre
Especias diversas	Recaudo	Spice
Filete	Escalopa, bife, biftec	Steak
Fresa	Frutilla	Strawberry
Gamba	Camarón	Shrimp
Guisante	Chícharo, arveja, habichuelas	Pea
Helado	Nieve, mantecado	Ice-cream
Judía verde	Ejote, chaucha	String bean
Maíz	Elote, choclo	Corn
Melocotón	Durazno	Peach
Nata	Crema de leche, crema doble, natilla	Cream
Patata	Papa	Potato
Pavo	Guajolote	Turkey
Pimiento verde	Ají	Pepper
Plátano	Plátano macho, banana, guineo	Banana
Salpicón	Ceviche, ceviche criollo	
Salsa	Aliño, mole	Sauce
Sésamo	Ajonjolí	Sesame
Setas	Hongos, mushrooms	Mushrooms
Tomate rojo	Jitomate, tomate	Tomato
Tortilla	Torta, omelette, omellete	Omelet
Zumo	Jugo, néctar	Juice

TABLAS DE EQUIVALENCIAS Y CONVERSIONES

PESO

Sistema métrico	Sistema anglosajón
30 g	1 onza (oz)
110 g	4 oz (1/4 lb)
225 g	8 oz (1/2 lb)
340 g	12 oz (3/4 lb)
450 g	16 oz (1 lb)
1 kg	$2^{1/4}$ lb
1,8 kg	4 lb

CAPACIDAD (líquidos)

ml	fl oz (onzas fluidas)
30 ml	1 fl oz
100 ml	$3^{1/2}$ fl oz
150 ml	5 fl oz
200 ml	7 fl oz
500 ml	17 fl oz
1 l	35 fl oz

LONGITUD

pulgadas	equivalente métrico
1 pulgada	2,54 cm
5 pulgadas	12,70 cm
10 pulgadas	25,40 cm
15 pulgadas	38,10 cm
20 pulgadas	50,80 cm

TEMPERATURAS (Horno)

°C	°F	Gas
70	150	1/4
100	200	1/2
150	300	2
200	400	6
220	425	7
250	500	9

Garantía de éxito para sus recetas de repostería

▶ TOLERANCIA

▶ Compruebe siempre, antes de preparar una receta, si tolera todos los ingredientes. A lo largo de una dieta puede ocurrir que, después de un tiempo, toleremos nuevamente algún que otro ingrediente. En este caso, puede variar un poco alguna de las recetas (por ejemplo, utilizando frutas frescas).

▶ HARINA

▶ Utilice siempre harina industrial molida. Si utiliza harina recién molida, ocurrirá que ésta es mucho menos refinada y, por tanto, no tan apta para cocinar.

▶ LECHE DE CABRA

▶ El sabor de la leche de cabra es fuerte e intenso, pero pierde su sabor a la hora de cocinar. Sin embargo, cuando preparamos pudines, helados y bebidas, su sabor se aprecia notablemente. Existe otra alternativa a la leche de vaca, que es la leche de oveja.

▶ PRODUCTOS YA PREPARADOS

▶ La masa de la pizza: prepararla según lo indicado en la receta, pero retirar del horno cuando haya transcurrido la mitad del tiempo de horneado. Dejar enfriar y congelar. Cuando vaya a utilizar la masa, acabe de cocinarla en el horno.